Les écuries de Versailles

18 rue Barbès, 92128 Montrouge
ISBN : 979-1-0363-1122-2
Dépôt légal : septembre 2020

Loi n°49-956 du 16 juillet 1949
sur les publications destinées à la jeunesse.

Achevé d'imprimer en novembre 2020 par Novoprint
Deuxième édition-octobre 2020

PEFC PEFC/14-38-00277

Les écuries de Versailles

Mariette et le cheval du roi

Anaïs Sautier
Illustré par Miss Paty

bayard jeunesse

Chapitre 1

Je m'appelle Mariette, j'ai onze ans. Et moi qui déteste m'ennuyer, je n'ai rien à faire en ce jour de printemps 1693.

Hier soir, mon frère jumeau, Pierrot, est tombé du mur où nous dansions tous les deux.

Notre gagne-pain est de danser dans les rues du faubourg. Pierrot bouge comme personne, et il invente des chorégraphies splendides. Il suffit d'un peu de musique pour qu'il improvise de superbes pas de danse. Moi, je me contente de le suivre.

Malheureusement pour notre beau duo, hier soir, Pierrot a eu l'idée farfelue de nous faire danser sur un mur haut de deux mètres.

– Plus on est haut, plus on est vus ! a insisté mon frère pour me convaincre.

Le succès a été immédiat : des dizaines de personnes sont venues applaudir notre rigaudon[1].

Au sol, les pièces s'amassaient dans notre chapeau, et Pierrot n'a pas pu résister à l'envie de se pencher pour évaluer notre trésor. Hélas, il a perdu l'équilibre. Et patatras, il est tombé sur le bras droit.

Quand je l'ai vu trébucher, j'ai cru que c'en était fini de lui. Un cri est resté coincé

1. Rigaudon : danse très vive à deux temps qui naquit en Provence au XVIe siècle avant de gagner la cour du roi au XVIe siècle, époque où se situe cette histoire.

dans ma gorge. En le voyant bouger la tête et les jambes, j'ai pleuré de soulagement.

« Ça aurait pu être pire, a dit le docteur. Il aurait pu se rompre le cou. »

Pour que son bras guérisse, il doit subir une opération. Mais, malgré les pièces gagnées hier soir (l'équivalent d'un demi-louis d'or), nous ne sommes pas assez riches pour nous offrir ce luxe.

Il nous faudrait trois louis d'or dans les meilleurs délais pour payer le médecin. Or, je ne sais pas où les trouver. Nos voisins et amis sont aussi peu fortunés que nous...

Faute d'argent, Pierrot ne retrouvera peut-être jamais l'usage de son bras. En attendant, mon jumeau est cloué au lit pour une durée indéterminée.

Je n'ai pas osé demander au docteur s'il est possible de danser avec un seul bras. Si nous étions privés du don de Pierrot, je ne sais pas ce que la famille deviendrait.

– Mariette, ne reste pas dans mes jambes, pour l'amour du ciel ! s'agace ma tante Jeanne en balayant le sol plein de crottes de souris.

– Que veux-tu que je fasse, Jeanne ? Sans Pierrot, je ne peux pas danser !

– Chérie, à ton âge je gagnais mon pain depuis bien longtemps. Débrouille-toi, tu es rusée comme une renarde. Tu sauras bien trouver un travail dehors.

– Je ne peux pas venir travailler avec toi ?

Ma tante est lavandière. Tous les jours, elle frotte draps, jupons et chemises au lavoir. C'est un travail rude, et souvent elle s'effondre de fatigue avant la fin du repas. Mais c'est un travail facile à comprendre : il suffit de savonner, frotter, rincer, puis recommencer.

– Désolée, nous sommes déjà au complet, ma chère Mariette !

Jeanne nous a recueillis à la mort de nos parents. Nous avions cinq ans quand ils ont péri dans un incendie. J'ai très peu de souvenirs de cette période-là, à peine quelques odeurs : celle des champs et de la paille fraîchement coupée. Mais aussi celle des pommes juteuses que nous donnions à manger aux chevaux.

Jeanne nous a raconté que nous vivions dans une ferme où papa officiait comme maréchal-ferrant[1]. Maman aidait la femme du seigneur à tenir sa maison.

Nous vivions, Pierrot, papa, maman et moi, une existence paisible à la campagne, mais le sort en a décidé autrement...

Après l'incendie, Jeanne nous a recueillis chez elle, à Paris, capitale du royaume de France. Nous vivons à trois dans une

1. Artisan dont le métier est de ferrer les chevaux.

maison composée d'une seule pièce.

Pierrot et moi n'avons jamais revu de chevaux, ni jamais remangé de pommes juteuses, mais je m'estime chanceuse.

Jeanne veille sur nous. Sans elle, nous aurions été envoyés dans un orphelinat ou laissés à la rue.

À cette pensée, je quitte la maison bien décidée à trouver un travail pour sauver mon frère et épauler Jeanne.

Une fois dans la rue des Violettes, l'artère principale du quartier, j'aperçois Germaine, la poissonnière, qui prépare sa marchandise à quelques mètres de chez nous.

Elle m'offrira un travail et tout rentrera dans l'ordre. Je me sens tout à fait capable de disposer les harengs sur un étal et sûrement même de rendre la monnaie aux clients. Ça n'a pas l'air sorcier...

Si elle refuse au prétexte que je n'ai pas appris à compter, j'irai trouver Gustave, le petit crieur. Tous les jours, il déclame et vend sur papier les nouvelles de la cour du roi à Versailles, à quelques lieues d'ici : grands travaux, repas somptueux, invités de marque, travaux dans les écuries, acquisition de nouvelles bêtes…

On peut dire que les titres font rêver : « Bal en l'honneur du Grand Dauphin »…

Je pourrais l'aider à distribuer les journaux. On se diviserait la pile de journaux et, chacun à un endroit différent, on doublerait nos chances de les vendre.

Ce travail-là non plus n'a pas l'air très difficile. Il suffit de crier comme Gustave : « Demandez les nouvelles du jour ! Fête dans les jardins à Versailles pour accueillir les princes européens : pièces d'eau, labyrinthes et constructions pharaoniques. »

J'ai la voix qui porte.

Bon, évidemment, il faudra que Gustave m'aide à déchiffrer les gros titres. Dans ma rue, dans mon quartier, seule une poignée de personnes sait lire.

Au moment de traverser la rue, mon regard est attiré par un magnifique cheval, immobile au milieu de la chaussée.

Sa crinière blanche comme neige fait ressortir le noir lumineux de sa robe.

Il est magnifique… et seul.

Je me précipite vers Germaine, en train de chasser les mouches qui s'intéressent d'un peu trop près à ses poissons :

– Germaine, que fait ce cheval ici ?

– Il est là depuis une heure, répond-elle.

Oubliant les raisons de ma présence dans la rue, je me dirige vers la magnifique bête.

– Mariette, attends ! Un carrosse luxueux

est garé à deux pas, ce cheval appartient sûrement à quelqu'un d'important. Et surtout, il a déjà repoussé plusieurs personnes qui tentaient de l'approcher. Attention aux coups de sabot ! Ton jumeau est déjà en mauvaise posture, me crie-t-elle.

Sans prêter attention à ses propos, j'avance vers le cheval. Je me sens irrésistiblement attirée par lui. Peut-être à cause de ses yeux si grands et si tristes. Je pose ma main sur ses flancs. Il respire avec difficulté, toujours immobile.

– Bonjour, toi. Je suis Mariette.

Ici, hormis quelques chats ou chiens errants et des chevaux de trait, on ne voit jamais d'animaux. Celui-ci semble mieux soigné et plus propre que les gens qui vivent ici !

Il me répond par un hennissement et racle le sol de son sabot droit.

– Ça vient du cœur on dirait, dis-je en lui tapotant gentiment l'épaule.

Je me dresse sur la pointe des pieds et lui caresse naseaux et oreilles. Ce coquin me lèche la main. Sa langue me chatouille les doigts, et je ris un peu fort. On dirait qu'il m'apprécie…

Cela fait des jours que je ne me suis pas sentie aussi joyeuse. Ce cheval a moins de conversation que Pierrot, c'est vrai, mais il sent meilleur !

Germaine me regarde de loin. Elle est très impressionnée que j'aie pu l'approcher et le toucher.

Les yeux du beau cheval pétillent. Son regard est si humain que je m'adresse à lui comme s'il pouvait me comprendre :

– Malheureusement mon beau, je dois déjà te quitter, il me faut trouver trois louis d'or pour faire soigner mon frère jumeau.

Cette fois, il baisse la tête. C'est drôle, on dirait qu'il m'a comprise et compatit au sort de Pierrot.

Tandis que nous nous disons adieu, une voix d'homme résonne derrière nous :

– En garde, jeune fille !

Je n'ai pas le temps de lever les mains au-dessus de ma tête, qu'un mousquetaire me barre la route.

– Je n'ai rien fait ! je m'exclame.

Sourd à ma protestation, il brandit une épée devant moi.

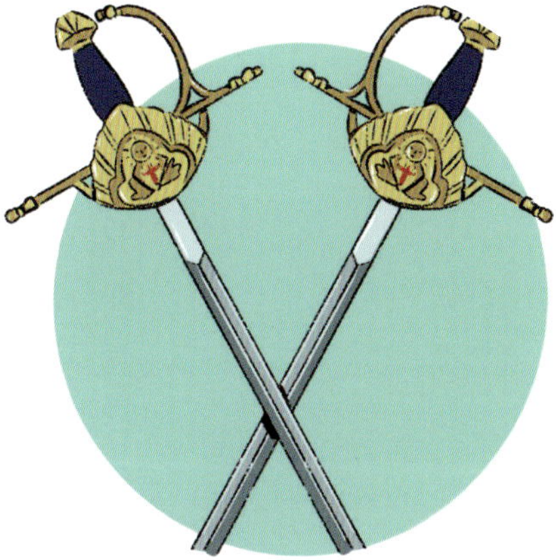

Chapitre 2

– Jeune fille, veuillez me suivre ! insiste cet homme, vêtu d'une cape bleue ornée d'une croix blanche sur le devant

Jeanne me répète au déjeuner, au dîner et au souper de ne pas suivre les inconnus. De plus, celui-ci est armé d'une épée et ne me dit rien qui vaille.

– Et où devrais-je vous suivre ?

Je demande des précisions pour rester

polie. Je ne voudrais pas qu'il prenne ombrage de mon silence et me tranche le cou. Il n'a pas l'air très aimable et je crains d'avoir fait une grosse ânerie en parlant à ce cheval.

– Vous êtes attendue à bord de ce carrosse, dit il en désignant un attelage situé à deux pas. Le maître de ce cheval vous a observée avec l'animal et souhaite s'entretenir avec vous.

– Eh bien, c'est que… je dois retourner vendre mes poissons. J'ai du travail…

– Je crains que vous n'ayez pas le choix. Montez, il ne vous fera aucun mal, parole de mousquetaire.

– Pourquoi ne sort-il pas, s'il souhaite me parler ?

Le mousquetaire rit à gorge déployée. Ma proposition est-elle si complètement farfelue ?

– Cet homme est aussi connu que le soleil. Si sa présence dans les rues venait à être découverte, elle provoquerait une émeute.

Je sais que la curiosité est un vilain défaut, mais je meurs d'envie de rencontrer le propriétaire d'un si beau cheval. Et puis, cela me fera une folle histoire à raconter à Pierrot ce soir.

Nous avançons vers le carrosse. Le mousquetaire actionne une manivelle et, comme par magie, quatre marches recouvertes de velours rouge se déplient jusqu'au sol.

Il me tient la main pour accompagner ma montée des marches comme si j'étais une grande dame. Il est vrai qu'elles sont hautes !

Quel honneur, et quel changement d'attitude de la part de celui qui s'est montré si autoritaire il y a cinq minutes.

L'homme qui m'attend à l'intérieur porte une tenue assortie aux tapisseries sur les parois : bordeaux et doré. Et… comble du luxe, de petits soleils sont gravés sur les plaques de bois des portières. Pour posséder un carrosse aussi splendide, ce gentilhomme doit être un personnage influent.

Quand il tourne la tête vers moi, mon sang ne fait qu'un tour.

J'ai déjà vu ce visage sur les pièces de monnaie. Je pourrais reproduire ce profil les yeux fermés. Particulièrement ce nez arqué, ces yeux déterminés et cette bouche pincée car… ce sont ceux du roi de France !

Moi, Mariette, orpheline sans le sou, me voilà installée dans le carrosse de Louis XIV.

Assise face à lui, je suis pétrifiée par l'émotion et je bafouille une bêtise :

– Vous avez un bien joli carrosse, Monsieur.

– C'est un coupé, jeune fille. Plus maniable et discret quand je dois quitter

Versailles sans être vu, comme c'est le cas aujourd'hui. D'ordinaire, mes voitures sont tirées par huit chevaux et c'est à cela que l'on me reconnaît.

– Et où allez-vous, Monsieur ?

– Je préfère que l'on m'appelle Votre Majesté. « Monsieur » est le nom d'emploi de mon frère. Et ma destination doit rester secrète, vous vous en doutez.

Je me lève d'un bond, m'apercevant que je n'ai pas fait la révérence au roi. Je me penche en avant et balaie le sol de ma main droite. Emportée par mon mouvement, je me cogne la tête en me relevant.

Le coupé s'en trouve secoué.

– Pardonnez-moi, Votre Majesté.

Le roi rit de bon cœur.

– Vous êtes pardonnée, chère demoiselle. Mais revenons à mon cheval. Pégase, dont vous venez de faire la connaissance, refuse d'avancer. Par sa faute, je suis coincé ici depuis de longues minutes. Avant, il m'obéissait au doigt et à l'œil. Mais depuis quelque temps, il est infernal. Nul ne peut entrer dans sa stalle, ni même le monter sans l'appâter avec des dizaines de pommes sucrées. J'ai réussi moi-même à le faire sortir ce matin en lui offrant des sucreries très raffinées mais, une fois le sac vide, il s'est brusquement arrêté ici…

– Quelle malchance, dis-je dans un souffle.

– Mais, grâce à Dieu, vous semblez posséder le don de parler aux animaux.

– Malheureusement, je ne possède aucun talent de ce genre.

Jeanne, quand je me plains de mon absence de dons, me dit que j'ai reçu celui de parler sans discontinuer. Cela rapporte plus d'ennuis que de louis d'or.

– Je pense au contraire que vous savez

communiquer avec les chevaux. Pégase a réagi à votre présence, je l'ai vu de mes yeux.

Hormis Noirot, le chien errant de ma rue, je n'ai jamais parlé à aucun animal. Et d'ailleurs, lui ne m'a jamais obéi.

Pour une fois, je garde le silence. Jeanne m'a souvent conseillé de me taire quand je n'avais rien à dire.

– Vérifions cela immédiatement, si vous le voulez bien, me dit le roi.

Il abaisse la vitre amovible du coupé et appelle Pégase en claquant des doigts et susurrant son nom.

Le cheval reste de marbre et ne tourne même pas la tête vers lui.

Je suis un peu gênée pour le roi qui, vexé, baisse la tête.

– À votre tour, m'ordonne-t-il.

Je passe la tête par la fenêtre et appelle Pégase.

Comme par enchantement, le cheval se dirige vers moi.

– Alors, Pégase, tu apprécies cette jeune fille ? s'enquiert le roi.

Le cheval pose sa tête sur la fenêtre et racle le sol de son sabot droit, puis me regarde dans les yeux.

– Jeune fille, je veux faire soigner cette bête, même si le grand écuyer me conseille de m'en débarrasser, poursuit le roi. Voyez-vous, je n'ai jamais connu meilleur cheval. Il sent le danger, qu'il s'agisse d'une horde de sangliers, d'une souche d'arbre ou d'une armée ennemie. Je vous demande solennellement de le remettre au galop. Et, si vous y parvenez, vous serez payée cinq louis d'or.

– Maintenant ?

– Non, demain. Je vous laisse une soirée pour faire vos adieux à votre famille. Soyez dès demain matin à Versailles devant la stalle de Pégase. Maintenant, sortez d'ici, je dois poursuivre ma route. Le mousquetaire ramènera cet animal au château.

Tête basse, je sors de la voiture… Dans quel pétrin me suis-je encore fourrée ?

Pégase avance à pas comptés. Le mousquetaire tente de l'amadouer avec les friandises qu'il vient d'acheter au marché.

Je ris sous cape[1] : le voyage jusqu'à Versailles risque d'être très long !

Tandis que je regagne la maison, le coupé du roi s'éloigne, tiré par trois chevaux. Quatre chevaux moins Pégase…

1. Rire en cachette, sans le montrer.

Chapitre 3

– Bonsoir, ma tante.

Jeanne s'approche de moi, bras tendus, et m'attrape les deux mains.

– J'ai une excellente nouvelle, Mariette ! Une place s'est libérée au lavoir !

Je m'exclame en riant aux éclats :

– Je ne pourrai pas t'y rejoindre ! J'ai trouvé un autre travail… Enfin, on me l'a offert !

Je raconte ma journée à Jeanne.

Mon récit est entrecoupé de rires. J'ai rarement été aussi heureuse.

Ombre au tableau : Jeanne ne semble pas aussi enthousiaste que moi !

– Il est hors de question que tu partes pour Versailles ! Hors de question que tu nous quittes ! Hors de question que tu ailles vivre dans des écuries. Ce n'est pas un endroit pour une fille, et encore moins une jeune fille, s'emporte-t-elle.

Je peine à retenir mes larmes.

– Tu ne me crois pas capable de soigner ce cheval et d'aider Pierrot ? dis-je dans un murmure.

Elle s'enfonce un peu dans son siège et respire un grand coup.

– Bien sûr que je t'en crois capable, mieux, je t'en sais capable, répond-elle, énigmatique. Mais ce n'est pas le moment

de parler de cela, Mariette. Il est tard et je dois me lever tôt. Quant à toi, tu m'accompagneras au lavoir pour ton premier jour.

Cette fois, c'en est trop ; je n'y tiens plus. J'éclate en sanglots.

– Cesse de pleurer, ma belle Mariette, me murmure Jeanne en caressant mes nattes.

Soigner les chevaux n'est pas un métier pour une fille… C'est un métier dangereux et je ne tiens pas à ce que les drames du passé se reproduisent.

Piquée par la curiosité, je relève la tête.

– De quels drames parles-tu, Jeanne ?

– De ta mère, ma chérie. Il me semble que tu es assez grande pour connaître cette histoire.

– Je t'écoute, lui dis-je, intriguée, en m'asseyant sur mon lit.

– Lorsque vous étiez petits, vos parents ont voulu quitter Paris pour s'installer à la campagne, près du château de Versailles, qui n'était qu'un pavillon de chasse à l'époque.

– Oui, je le sais déjà, dis-je en essayant de cacher ma déception.

– Ton père travaillait comme maréchal-ferrant pour le compte d'un seigneur et…

– Ma mère veillait à la propreté de la maison.

– Sois patiente et arrête de me couper la parole, Mariette !

– Pardonne-moi, Jeanne.

– Il se trouve que ta mère, quand elle avait terminé son travail, passait le plus clair de son temps auprès des chevaux de la ferme. Elle devait le faire en cachette du seigneur, qui ne voyait pas d'un bon œil la présence des femmes auprès des chevaux ! Les palefreniers et les écuyers la laissaient faire parce qu'à son contact, les chevaux s'apaisaient miraculeusement. Ils approchaient leurs naseaux de sa main et retrouvaient leur calme. Elle possédait un vrai don.

– Quel don?

– Elle comprenait les chevaux. En tout cas, c'est ce qu'elle disait et ta maman était quelqu'un de très sensé ! Elle affirmait qu'en posant la main sur eux elle pouvait savoir de quoi ils souffraient, s'ils étaient malades, avaient faim ou soif… Mais, comme je te l'ai dit, c'est un métier dangereux et, un jour, la grange où les chevaux se reposaient a pris feu alors que ta mère s'y trouvait. C'est en voulant la sauver que ton papa est mort lui aussi.

J'appuie sur mes yeux pour empêcher de nouvelles larmes de couler.

– Et Pierrot et moi, aimions-nous les chevaux?

– Quand tu étais bébé, les chevaux étaient attirés par toi. Ils se désintéressaient de ton frère mais toi, ils te réclamaient en frottant les sabots au sol et en hennissant, dit-elle à voix basse pour ne pas réveiller Pierrot, qui se repose.

– Vraiment ?

– Oui, ta mère te prenait souvent avec elle. Tu te mettais à gazouiller dès que tu apercevais une crinière. Tes parents étaient persuadés que tu avais hérité du même don qu'elle.

Je repense au moment passé avec le cheval cet après-midi ; un moment si doux que plus rien n'existait autour de moi. J'en suis plus convaincue que jamais : je dois partir pour Versailles.

– Jeanne, la seule manière de découvrir si je possède ce don est de me rendre aux écuries royales dès demain. Et puis, si je ne m'y présente pas, le roi enverra ses mousquetaires et nous le paierons cher !

Jeanne se gratte la tête, regarde mon visage puis le sol et lève enfin les yeux vers moi :

– Je te laisse partir si tu me promets de faire attention à toi.

– Je te le promets.

– La cour de Versailles est un univers redoutable, tu devras te méfier de tout le monde.

– Je serai vigilante.

– Tu ne seras pas trop bavarde ? Tu ne parleras de ce don à personne ?

– À personne. Mais… si j'échoue ?

– Je viendrai te chercher à Versailles, crie Pierrot du fond de sa paillasse.

– Quelle surprise ! Pierrot entend en dormant ! Encore un don dans la famille ! s'amuse Jeanne, qui retrouve peu à peu le sourire.

Après une nuit agitée, je prends congé de ma tante et de mon frère au petit matin.

Jeanne me glisse un conseil à l'oreille :

– Mariette, si quelque malheur devait t'arriver, fie-toi toujours à ton instinct.

Elle m'offre une pomme, que je cache dans mon tablier.

Pierrot, malgré sa douleur au bras, m'accompagne dans la rue et hurle à qui mieux mieux :

– Ma sœur part pour Versailles !

Germaine fourre trois sardines fumées dans mon baluchon et m'embrasse sur les deux joues. L'odeur est très désagréable, mais on ne refuse pas un cadeau aussi gentil. La nourriture est un bien très précieux !

– Adieu à tous, vous me manquerez. Dès que le cheval du roi galopera de nouveau, je reviendrai ! dis-je en me mettant en route. Gustave m'a indiqué le chemin jusqu'au château : toujours tout droit.

Jeanne me jette un œil grondeur. Mentionner Pégase n'est pas prudent... Elle a raison, je parle trop. Mais c'est plus fort que moi !

Six heures plus tard, après avoir été doublée sur la grande route par des dizaines de carrioles et chariots de marchands et grands seigneurs, je découvre une immense cour de gravier blanc où des dizaines de chevaux évoluent. Elle est entourée de deux bâtisses en forme de demi-lune.

Cela ne fait aucun doute : je suis arrivée aux écuries royales, situées face au château.

Moi, Mariette, onze ans, orpheline sans le sou, mais peut-être pas sans don, me voilà à la cour du roi de France.

Chapitre 4

– Attention à toi, la nouvelle ! Ne reste pas dans le passage ! me lance un garçon aux joues rondes.

Sans se retourner, il poursuit son chemin à grandes enjambées, un énorme sac de toile sur le dos. Des miches de pain en dépassent.

Je suis complétement perdue ! Moi qui

pensais que le roi m'attendrait en personne pour me conduire à Pégase… je me suis complètement trompée !

Je poursuis le garçon à toutes jambes au milieu du tumulte des écuries. Je manque de perdre sa trace trois fois.

Il est très dur de suivre quelqu'un parmi tous ces hommes qui charrient des seaux d'eau, des ballots de paille mais aussi des selles, des mors et des harnais. D'autres aux souliers crottés vont et viennent en tenant des chevaux par une bride de cuir.

– Hé, attends-moi ! dis-je en talonnant le garçon.

Je finis par le rattraper et me place devant lui pour lui barrer la route.

– Que veux-tu, la nouvelle ? s'étonne-t-il.

– Comment sais-tu que je suis nouvelle ?

– Ta tenue...

Je baisse les yeux sur ma robe et mon tablier.

– Les employés des écuries portent des bottes, des pantalons et des chemises sales et bouffantes. Et, surtout, ils sont des garçons ! Les filles qui travaillent à Versailles lavent le linge, préparent les repas et quand elles ne travaillent pas, elles prient à l'église. Tu n'es pas au bon endroit…

Tout cela est fort intéressant, mais je ne suis pas venue pour discuter de ce que garçons et filles doivent faire pour gagner leur vie ! Moi… je dois trouver Pégase.

– J'irai prier plus tard, mais pour le moment je cherche le cheval du roi, Pégase ! Je suis envoyée par le roi pour… lui apporter une pomme, dis-je en sortant la pomme de mon tablier.

– Pégase, je connais bien ! Crinière blanche, bête préférée du roi ! Je suis surpris qu'il laisse une fille du peuple l'approcher...

– Peux-tu m'amener jusqu'à lui, s'il te plaît ?

– Suis-moi. Sa stalle porte le numéro 121. Elle est située au fond de l'écurie. Il y a plus de deux mille chevaux ici.

– Vis-tu à Versailles depuis longtemps ?

Il s'arrête en plein élan et me toise.

– Ma chère, lorsque Versailles n'était qu'un pavillon de chasse, maman y vivait déjà. Et moi, j'y suis né en 1682, le même jour que le Petit Dauphin[1]. J'en connais les combles, les secrets, tout, dit-il fièrement. Allez, viens, je n'ai pas le temps de bavarder, je dois livrer le pain.

Il est un peu arrogant mais je m'estime déjà chanceuse d'avoir rencontré une personne qui m'apporte son aide.

Il me conduit dans un lieu appelé la grande écurie, et on peut dire qu'il porte bien son nom : les plafonds sont immensément hauts ; l'allée centrale où les chevaux sont alignés est aussi longue que la rue des Violettes.

Autour des chevaux se pressent des gens

1. Petit-fils de Louis XIV aussi appelé Duc de Bourgogne.

qui les peignent, les brossent, les nourrissent et leur massent le dos.

Le garçon s'arrête brusquement au milieu de l'allée et désigne un homme du doigt.

– Tu vois ce monsieur là-bas ? chuchote-t-il malgré le bruit.

L'homme en question porte une perruque grise et des habits des mêmes couleurs que ceux du roi. Il est très élégant au milieu de tous les soigneurs de chevaux chaussés de bottes pleines de crottin.

– C'est Monsieur le Grand, le grand écuyer de France. Il est devant la stalle de Pégase juste à côté de celle de Panache, le deuxième cheval du roi.

– Merci… dis-je, peu rassurée par cet homme au visage dur et crispé.

Je n'ai même pas eu le temps de lui demander son prénom que le garçon a déjà disparu parmi les soigneurs, cochers et

autres écuyers qui vocifèrent pour couvrir le concert de sabots sur les pavés.

J'avance d'un pas hésitant vers la stalle de Pégase et me présente à cet homme :

– Monsieur le Grand, je suis Mariette ... Le roi m'a engagée pour...

Il a le visage fripé et des yeux d'oiseau perçants.

– Oui, on m'a informé qu'une fille des faubourgs nous rejoindrait aujourd'hui. Je ne crois pas que qui que ce soit puisse parler aux animaux, certainement pas une femme, et encore moins une fillette. Je pense que ce cheval capricieux est enragé, et bon pour l'équarrissage[1]. Mais le roi règne sur ses écuries comme sur son royaume : sans partage. Alors, j'obéis et vous donne deux jours pour faire galoper Pégase ; après quoi, il sera envoyé dans un

1. Bon pour l'abattoir.

endroit nettement moins… agréable. Bon courage, la palefrenière, lance-t-il avec un claquement de langue.

Il s'arrête avant la sortie et me considère avec curiosité.

– Vous aurais-je déjà vue quelque part ? Vos yeux me sont très familiers.

– Pour sûr, non ! Je viens des faubourgs parisiens. Je n'ai jamais quitté Paris. Enfin, si ! Quand j'étais petite, je vivais dans une ferme à la campagne. Mais, depuis l'incendie et la mort de papa et maman, j'ai beaucoup changé…

Il me dévisage avec un sourire très suspicieux.

Le conseil de Jeanne me revient en mémoire : se taire et se méfier. Mais il est trop tard pour cette fois.

– Comme c'est intéressant, me dit il en s'éloignant avec un rire sardonique.

Dans sa stalle, Pégase s'est dressé sur les pattes arrière en entendant le rire de Monsieur le Grand. Il se cabre de colère. Ses naseaux doublent de volume et rougissent. Sa belle crinière vole de gauche à droite tant ses coups de tête sont enragés.

Ses yeux si tendres sont d'un noir très sombre. Je ne reconnais plus le cheval joueur qui brillait dans la lumière de la rue des Violettes.

Ses sabots soulèvent des nuages de poussière en retombant sur la terre battue. Le bruit est puissant et le sol tremble sous nos pieds.

Chapitre 5

Après le départ du grand écuyer, Pégase, épuisé par la colère, s'écroule sur le sol. Moi, je reste derrière la porte de bois de sa stalle.

Un homme s'approche de moi à petits pas.

– Je suis Gaspard, palefrenier du deuxième cheval du roi, le bien-nommé Panache.

Son visage souriant et ses yeux bleus me réchauffent un peu le cœur. J'ose lui poser la question qui me taraude :

– Gaspard, qu'est-ce qu'un palefrenier ?

– Un palefrenier à Versailles accomplit une tâche primordiale : soigner, accompagner, rassurer les chevaux du roi.

– Primordiale ?

– Bien sûr ! Un roi n'est pas roi sans des chevaux fiables et en bonne santé. Comment visiterait-il son royaume sans ses chevaux ? Et de quoi aurait-il l'air sur les champs de bataille, les pieds dans la boue ? Comment attraperait-il un sanglier à la chasse à cour ?

– Et existe-t-il des palefrenières ?

– Pas à ma connaissance !

– Parce que moi, je suis chargée de m'occuper de Pégase.

– Eh bien alors, il existe des palefrenières. Mais ta mission ne sera pas aisée, ma chère. Cela fait des jours que Pégase est colérique et n'obéit plus à personne. Je te conseille de ne pas le brusquer, de lui parler doucement. Les chevaux sont comme les hommes, il faut gagner leur confiance.

À regret, je regarde Gaspard s'éloigner,

puis ouvre le battant de la porte de bois de la stalle.

– Bonjour mon beau, je suis Mariette. Te souviens-tu de moi ?

Je lui parle tout bas. Pégase lève la tête.

Quand nos regards se croisent, il pointe ses oreilles vers l'avant. Je prends cela comme un gage d'amitié. Je m'avance plus franchement dans la paille. Sa stalle est plus grande que celle des autres chevaux. C'est aussi la plus sale.

Quelle odeur terrible de crottin et de paille souillée !

– C'est un vrai bazar chez toi. Je ne peux m'asseoir nulle part et encore moins poser mon baluchon ! Permets-tu que je nettoie cela ? Puisque Monsieur le Grand m'appelle palefrenière, je vais en assumer la charge !

De nouveau, il hennit.

Cette fois-ci, ce ne peut être une

coïncidence : Pégase me comprend et répond !

Quand il veut dire oui, il hennit !

Je m'empare d'une fourche accrochée au mur par un clou et la charge de paille moisie pleine de crottin.

Je m'en débarrasse à l'endroit prévu, derrière le bâtiment. Le tas est très haut, deux à trois fois plus que moi. À côté du tas sale, il convient de se servir dans l'amas de paille fraîche des champs.

Je suis tirée de ma rêverie par des garçons, dont certains plus jeunes que moi, qui me montrent du doigt et rient en me voyant faire des allées et venues entre la stalle et le dehors.

Ils sont surpris que je réussisse à porter la fourche sans leur aide. Heureusement, le rigaudon muscle les bras !

Dans la stalle, je tapisse le sol de paille sèche et remplace l'eau où grouillent les mouches par de l'eau propre.

Pégase reste indifférent à tous mes gestes.

Maintenant, il faut le laver. Gaspard me prodigue ses conseils :

– Tu dois te munir des brosses qui traînent au sol. Regarde, je vais te montrer comment je lave Panache !

Une fois la démonstration terminée, je saisis une étrille[1], et forme des ronds sur le dos de Pégase.

Cela enflamme les muscles de mes bras, décidément très sollicités aujourd'hui.

Pendant que je passe la brosse, je sens le cœur de Pégase ralentir et son souffle se calmer un peu.

Ensuite, j'utilise une brosse appelée bouchon pour le débarrasser des poils qui tombent.

– Et après ?

– Après, tu dois nettoyer ses sabots, son ventre et peigner sa queue, mais il faut qu'il se mette debout, m'explique Gaspard avant de s'éloigner avec Panache.

Il l'emmène au grand manège, là où les chevaux suivent leur entraînement.

Je m'assois à côté de Pégase :

1. Brosse ronde et circulaire.

– Allez, Pégase, pour galoper, il faut d'abord que tu te lèves !

Il baisse la tête. Je crois qu'en langage de cheval, cela veut dire non.

Gaspard m'a expliqué qu'il fallait parler doucement aux chevaux, qui ont une ouïe supérieure à la nôtre et le cœur aussi sensible que celui d'un petit enfant.

Je claque des doigts comme le roi hier, mais rien ne se passe.

Je recommence et les heures défilent. Pégase m'ignore royalement.

Je lui offre mes sardines, il les lèche mais n'en veut pas... J'essaie avec la pomme que m'a offerte Jeanne. De grands filets de bave coulent sur le fruit, mais il refuse de le croquer.

La nourriture est gâchée alors que je meurs de faim. Je m'assieds à côté de lui, découragée.

J'ai tant besoin de mon frère, tant besoin de Jeanne, et je n'ai que ce cheval têtu pour compagnon. Peut-être aurais-je dû écouter Jeanne et rester chez nous ?

Lassée de mes échecs répétés, je raconte à Pégase ce que j'ai appris sur maman hier.

Après tout, il m'a été conseillé de le traiter avec amour.

– Pendant quelques heures, j'ai cru posséder le même don que ma mère. Mais c'est raté, je n'arrive pas à te faire lever. Une femme comme elle t'aurait déjà mis au galop. Avec elle, tu gambaderais, le roi serait satisfait… et le bras de Pierrot déjà soigné !

Pégase hennit comme si, de nouveau, il comprenait ce que je lui raconte.

– Et toi, où est ta maman ?

Au son du mot « maman », il se lève d'un bond. Enfin!

Folle de joie, j'enroule mes bras autour de son cou.

– Toi aussi, ta maman est décédée, Pégase ?

Il baisse la tête. Sa maman n'est pas morte.

– Elle est ici ?

Il ne bouge pas, cela peut vouloir dire qu'il n'en sait rien.

– Elle s'est enfuie ?

Pareil, il reste immobile.

– Veux-tu que je t'aide à retrouver ta mère, Pégase ?

Il hennit et gratte le sol du sabot droit.

Aucun doute, Pégase confirme !

La seule solution pour le remettre au galop est de retrouver sa mère. Voilà d'où viennent son entêtement et sa tristesse.

Le pauvre s'inquiète du sort réservé à sa mère.

Mais plus de deux mille chevaux vivent à Versailles. Autant chercher une aiguille dans une botte de foin.

Et puis, encore faudrait-il que la mère de Pégase soit toujours à Versailles. Elle pourrait avoir été vendue… ou pire.

Chapitre 6

Allongé sur le flanc, Pégase dort. Son poitrail se gonfle et se dégonfle et des brins de paille fraîche volettent autour de ses naseaux.

Cet après-midi, j'ai pu curer ses sabots, le frotter, le nourrir, et je lui ai même chanté trois berceuses pour l'endormir.

Il a l'air heureux et je ne peux pas en dire autant de moi !

Mon ventre crie famine et la ration de nourriture des employés des écuries a déjà été distribuée !

Quand je leur ai demandé s'il restait quelque chose à manger, ils m'ont toisée puis ils ont ri ! Tous, sauf Gaspard, qui n'était pas là.

Je me lève pour aller trouver ma pitance dehors. Quitter la stalle est imprudent et on m'a mise en garde contre le caractère tempétueux de Monsieur le Grand qui interdit à ses hommes de sortir des écuries le soir venu. Mais je n'ai pas d'autre solution. C'est ça ou mourir de faim dès le premier soir…

J'avance en me faisant aussi légère qu'un souriceau. Quand j'arrive dans la cour centrale, je tombe nez à nez avec le livreur de pain arrogant de ce matin. Il tient une chandelle.

Il est ma seule chance de manger ce soir, alors je me jette à l'eau :

– S'il te plaît, te reste-t-il du pain ?

– Oui, en cuisine. Suis-moi. Mon prénom est Marin, dit-il en me tendant la main.

– Moi, je m'appelle Mar…iette !

J'ai à peine le temps de rire à cette drôle coïncidence entre nos prénoms qu'il m'entraîne vers le château.

– Marin, je n'ai pas le droit de quitter l'écurie et encore moins de pénétrer à l'intérieur du château. Monsieur le Grand est…

– Sans pitié, je sais. Je l'ai vu jeter dehors d'excellents écuyers, faire rouer de coups des chevaux trop lents et même en envoyer certains… à la mort. Mais nous serons prudents.

Nous pénétrons la cour du château dont le portail est immense et doré.

Je retiens mon souffle au moment où

nous passons devant les gardes, mais ces derniers nous saluent respectueusement.

– Qui es-tu pour entrer ainsi au château ? Le fils du roi ? je m'enquiers.

– Mieux que cela… Je suis le fils de la cuisinière du Petit Dauphin ! m'annonce Marin en bombant le torse.

Il me fait une visite du château de l'extérieur. Y entrer serait bien trop dangereux. Du doigt, il me désigne les bâtiments.

Les fenêtres de la salle de réception brillent de mille feux, tout comme celles de la galerie des glaces, qui comporte dix-sept immenses miroirs.

C'est l'endroit qui accueille les courtisans, princes, princesses et souverains du monde entier.

– À gauche, les appartements de la reine, à droite, ceux du roi. Un jour, je t'y emmènerai.

Je me prends à rêver de robes, d'avalanches de gâteaux sucrés, de rigaudons enflammés avec Pierrot.

Tout à coup, Marin s'arrête et je lui rentre dedans.

– Nous sommes arrivés au grand commun. Attends-moi dehors.

Le vent charrie les odeurs des cuisines, que je renifle avidement. Odeurs de viande, de beurre qui dore, de pâtisseries et de poisson frais. De ma vie, je n'ai jamais rien senti d'aussi agréable.

Marin réapparaît quelques instants plus tard les bras chargés de viande, de fruits et petits rectangles aux pourtours sucrés qu'il appelle pâtes de fruits. J'en cache plusieurs dans la poche de mon tablier.

J'ai tellement faim que rien ne m'arrête, même pas la honte d'ignorer qu'on épluche

une orange avant de croquer dedans…

Une fois rassasiée, je retrouve le sens des priorités : je dois chercher la mère de Pégase. Je considère Marin de la tête aux pieds, et fais ce que Jeanne m'a appris : me fier à mon instinct.

Il a l'air d'une gentille personne, même

s'il est moqueur. Et puis, il m'a aidée par deux fois aujourd'hui.

Alors, sous les voûtes du grand commun, où sont situées les cuisines, je lui raconte mon histoire. Toute mon histoire…

Bientôt, il sait tout du don de maman, de la blessure de Pierrot, des menaces de

Monsieur le Grand et même des mouvements de sabot de Pégase quand il communique avec moi.

Mon récit achevé, Martin tape dans ses mains, visiblement ravi :

– J'ai la solution à TOUS tes problèmes! Veux-tu l'entendre ? s'exclame-t-il.

– Bien sûr !

– Il existe un registre où sont consignés tous les faits et gestes des chevaux de la cour. Il se trouve dans les appartements de Monsieur le Grand. Allons-y et nous retrouverons la trace de cette jument.

– Et Monsieur le Grand ?

– Je viens de le voir sortir du château. Nous avons un peu de temps devant nous.

Chapitre 7

– Regarde cette petite fenêtre, souffle Marin au pied de l'aile des courtisans. Elle mène directement au registre.

– Oui, allons-y sans plus attendre !

– Je ne l'imaginais pas si haute, s'exclame-t-il en ouvrant de grands yeux. Comment allons-nous faire ?

Il est certainement le meilleur guide qui soit pour explorer le château de nuit, mais il n'est pas très dégourdi quand il s'agit de passer à l'action.

– Nous escaladerons, ce ne sera pas difficile. Dans mon quartier, j'ai escaladé des murs bien plus hauts que celui-là ! Il nous suffit de choisir les plus belles prises qui dépassent de la paroi et de nous hisser. Tu passeras derrière moi.

– Je suis peureux et un peu trop rondouillard, dit-il en pinçant un petit pli de son ventre.

– Et moi, je ne saurai pas trouver le registre seule, Marin…

Je n'ose pas lui avouer que je ne sais pas lire.

Avant de grimper, je lui livre un conseil très important que mon frère a oublié d'appliquer quand nous dansions en altitude : surtout ne jamais regarder vers le bas.

Je m'appuie sur les premières pierres et me projette vers une nouvelle prise. J'avance prudemment mon pied droit et trouve une pierre à l'assise large.

Une fois arrivée à mi-chemin, mon pied est stabilisé mais ma main gauche ne trouve plus où s'accrocher. Je passe la paume sur toutes les pierres mais elles sont lisses comme des galets de rivière.

Mon cœur s'emballe et j'entends la respiration paniquée de Marin derrière moi… Nous voilà coincés au milieu du mur du château du roi.

Je n'ai d'autre choix que de me hisser sur la pointe des pieds dans l'espoir de trouver une aspérité. Je compte jusqu'à trois, j'implore la chance, supplie ma bonne étoile.

Heureusement, ma main trouve une pierre, puis une autre, et en quelques secondes, j'arrive à la fenêtre.

Par chance, elle est ouverte.

À la force de mes deux bras, je pénètre dans le cabinet de Monsieur le Grand.

La pièce est splendide. Meublée d'un lit à baldaquin, d'une baignoire et de chaises de velours mais aussi d'un bureau où brûlent deux chandelles qui éclairent les étagères chargées d'ouvrages.

Marin n'est toujours pas là.

Je me poste sous la fenêtre ; je redoute plus que tout d'entendre un bruit de chute. S'il tombait, je ne me le pardonnerais jamais. De grosses larmes coulent sur mes joues, jusqu'à ce que le visage poupin de Marin apparaisse à la fenêtre.

Quelle joie, mon nouvel ami est là !

Il se hisse dans la chambre et s'essuie le front avec la manche de sa chemise :

– Allez, au travail Mariette. Guette l'arrivée des gardes en collant ton oreille à la porte pendant que je cherche le registre.

Marin passe les volumes en revue en

posant l'index sur la tranche. Soudain, il s'arrête.

D'un doigt, il fait glisser un livre vers lui et en feuillette les pages.

– Ça y est !

Dans l'emportement, Marin fait tomber le registre.

Aussitôt, des pas lourds et affolés font vibrer le plancher en bois. Un garde ouvre la porte et nous considère d'un air grondeur. Il s'agit du même mousquetaire qu'hier matin rue des Violettes.

Je reconnais son chapeau chargé de plumes et ses bottes.

Pétrifiée, je baisse la tête pour lui cacher mon visage.

– Que faites-vous ici ? enrage-t-il.

– On se promène, répond Marin avec aplomb.

– C'est évident... Il m'était sorti de l'esprit que l'appartement de Monsieur le Grand est un haut lieu de promenade. Plus vaste et parfumé que les jardins de Monsieur le Nôtre !

– Nous nous sommes égarés, pardonnez-nous. Ce château est devenu si grand…, murmure Marin. Nous cherchions la cuisine où travaille notre maman.

– Pourquoi vous croirais-je ? demande-t-il, sans desserrer les mâchoires.

Marin fouille ses poches et en sort des miettes de pain et une pâte de fruits.

– Voyez ce que contiennent les poches de mon pantalon : des douceurs sucrées servies au roi et à ses courtisans seulement !

– Filez, et que je ne vous revoie plus rôder ici…, tonne-t-il en nous escortant vers la sortie du château.

Sur le chemin vers les écuries, je reste silencieuse, déçue. Mon cœur est lourd. Marin, lui, sautille gaiment.

– Le mousquetaire a été clément avec nous parce que, comme tout le monde au château hormis le roi, il déteste Monsieur le Grand. S'il nous avait livrés aux gardes, il nous en aurait cuit !

Arrivée devant l'écurie, je lui tends la main avant de regagner ma stalle pour ma première et dernière nuit à Versailles.

– Je te dis adieu… Sans sa mère, Pégase ne galopera pas. Merci pour tout. Tu as risqué ta vie pour mon frère et moi.

Marin hausse les épaules en souriant :

– C'est dommage que tu nous quittes si vite parce que… la mère de Pégase s'appelle Athéna et, selon le registre, elle se repose dans la stalle 147 de la grande écurie depuis le 11 mai de cette année 1693. J'ai réussi à lire le registre avant que le mousquetaire arrive.

Mon cœur se gonfle de joie et je saute d'une jambe sur l'autre. Il lit si vite qu'il a eu le temps de découvrir l'information !

– Allons-y dès demain !

– Cela me semble difficilement réalisable,

car le numéro 147 n'existe pas, m'annonce-t-il gravement.

– Comment sais-tu cela ?

– J'ai vu les stalles se construire les unes après les autres… Cela ne peut vouloir dire qu'une seule chose, Mariette : Monsieur le Grand a falsifié le registre parce qu'il a emmené Athéna dans un endroit connu de lui seul…

– Tu crois qu'il l'a enlevée ?

– Personne d'autre que lui n'a accès au registre. De plus, la plupart des écuyers et palefreniers ne savent pas lire.

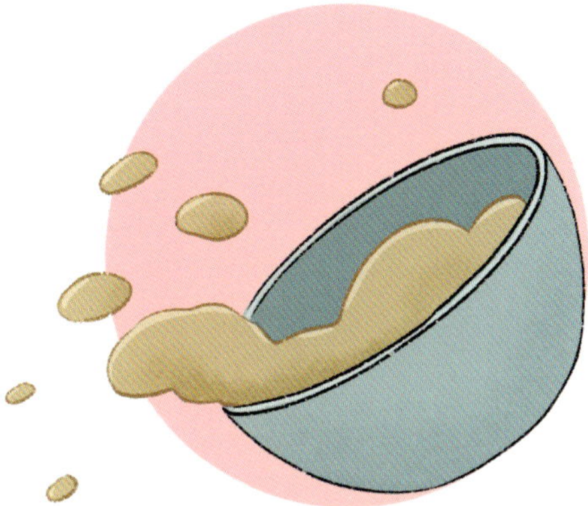

Chapitre 8

– Mon beau Pégase, te sens-tu mieux ce matin ?

Il recule son sabot droit, j'en déduis que la réponse est oui.

Je lui offre de l'eau.

– Pas trop fraîche, car Gaspard m'a informée que vous autres les chevaux aviez l'estomac fragile !

Il lèche l'écuelle.

Heureuse à mon tour, je lui caresse le toupet et la ganache[1].

Je coiffe un peu sa crinière emmêlée avec mes doigts quand le claquement de la porte de bois de notre stalle nous fait tressaillir.

– Quel charmant spectacle, Antoinette qui fait des nattes à Pégase! siffle Monsieur le Grand.

– Je ne m'appelle pas Antoinette.

– Peu importe. Vous avez un nom de fille et les filles n'ont rien à faire dans une écurie. Ce cheval galope-t-il enfin ? s'agace-t-il,

À la vue du grand écuyer, Pégase bat de la queue et se cabre. J'essaie de le contenir en posant la main sur sa tête mais sans succès.

– Non... mais nous faisons de grands progrès, dis-je d'une voix mal assurée.

– Cela crève les yeux. Vous avez jusqu'à

1. Joue chez les chevaux

PEGASE

l'après-dînée[1] pour le faire galoper et le rendre aimable. Après cela, j'en débarrasserai le roi.

Alors que Pégase hennit sans discontinuer et se cabre, Monsieur le Grand vocifère :

– Bravo à vous, Antoinette… Une fille palefrenière, quelle brillante idée a eue le roi.

Après son départ, je mets de longues minutes pour calmer mon cheval qui tremble de rage.

Heureusement, Marin arrive et nous tend des quignons de pain sec.

– Viens, entre dans la stalle pour lui donner à manger, je lui propose.

– Non, je n'ai, à vrai dire… pas vraiment le goût des animaux… ils m'effraient beaucoup… particulièrement les chevaux…

1. Après-midi.

Je prends les quignons et les tends à Pégase qui les engloutit d'un coup de langue. Puis il se laisse retomber dans la paille.

Pauvre Pégase, il a eu son lot d'émotions pour la journée !

Mais pour Marin et moi l'aventure commence : nous allons suivre Monsieur le Grand que nous soupçonnons d'avoir enlevé Athéna.

Nous marchons à grandes enjambées et le repérons à la sortie du manège. Il se dirige vers les grilles du château.

Sa stature imposante permet de le suivre facilement du regard au milieu des écuyers, pour certains à peine plus grands que moi. Quant aux palefreniers, ils sont bossus à cause des heures passées à réaliser de pénibles travaux.

Monsieur le Grand rabat sa cape sur son visage comme un fugitif.

Nous poursuivons le grand écuyer dans les allées de la ville de Versailles ; le château est derrière nous depuis un moment.

Il est dix heures du matin et dans les rues bordées d'échoppes le marché bat son plein.

Monsieur le Grand ne répond pas aux harengères qui lui proposent des poissons frais, ni aux vendeurs de légumes qui jonglent pour attirer son attention.

Il s'engage dans une ruelle vide débouchant sur un entrelacs de rues étroites.

Nous lui emboîtons le pas alors qu'il pénètre dans un bois inhabité.

Les grands arbres bourgeonnants sont de plus en plus nombreux et forment bientôt une forêt dense.

Le silence se fait et nous oublierions presque que le château grouillant de monde est à quelques pas.

Dans les bois, le spectacle est magnifique : l'herbe est encore humide de rosée et les oiseaux gazouillent.

Monsieur le Grand emprunte un chemin étroit qui serpente jusqu'à une grande bâtisse. Je retiens Marin, qui continue sa course :

– Cachons-nous ! J'ai le sentiment que nous sommes arrivés !

Derrière un petit buisson, le grand écuyer ralentit et se poste devant la vieille ferme décatie. Le lierre pousse sur la façade et des guêpes ont fait leur nid sous les combles. Le bruit de leur bourdonnement me remplit d'effroi. Je n'ai jamais été piquée, mais la douleur, si j'en crois Jeanne, est semblable à une aiguille épaisse plantée dans la peau.

– Regarde ! chuchote Marin en désignant une barrière de bois le long de la bâtisse.

Une dizaine de juments sont alignées et attachées, la tête basse, la robe souillée. Elles peuvent à peine bouger.

À leurs pieds coule une rivière cristalline.

Mon cœur bat la chamade quand je devine Athéna : crinière et queue ébène et robe d'un blanc sali. À l'exact opposé de Pégase dont la robe est foncée et la crinière claire.

– Je la reconnais ! s'exclame Marin.

Un frisson me parcourt l'échine.

– Restons sur nos gardes, Marin… Je crois que le grand écuyer est bien plus mauvais que ce que nous avions imaginé…

Un homme enveloppé dans une cape noire rejoint Monsieur le Grand. Son vêtement se déploie derrière lui dans le vent.

Monsieur le Grand dégage son visage quand il l'aperçoit.

Les deux messieurs se serrent la main.

Les traits du grand écuyer, d'ordinaire pincés et moroses, se détendent. Il sourit presque.

Des bribes de conversation nous parviennent :

– Celle-ci, Athéna, est la plus belle de toutes les juments des écuries royales. Son avorton est le préféré du roi et elle fut sa jument fétiche.

– Et le roi de France laisse vendre ses bêtes préférées ?

– J'ai dit qu'Athéna se reposait aux écuries. Sous peu, je dirai qu'elle a été emportée par la fièvre et qu'on l'a emmenée.

– Combien pour l'ancienne préférée du roi ?

– Cent louis d'or.

– C'est très cher.

– J'ai pris des risques considérables pour vous amener cette bête.

– Entendu, j'aurai cet argent demain à l'aube, dit l'homme en cape avant de disparaître.

Tandis que Monsieur le Grand se frotte les mains, Marin et moi claquons des dents. Ce n'est pas le froid qui nous saisit. C'est la peur qui nous fait trembler de la tête aux pieds.

Quel homme peut avoir le cœur assez noir pour vendre la mère de Pégase ?

Chapitre 9

Marin et moi attendons de longues minutes avant d'oser sortir du buisson. On ne sait jamais, il pourrait réapparaître.

J'essaie de détacher Athéna de la barrière mais la corde est solidement nouée.

Le spectacle de la mère de Pégase me fait peine. Du paturon[1] au jarret[2], ses poils sont recouverts de boue.

1. Partie basse de la jambe, juste au-dessus du sabot.
2. Articulation située sur la jambe arrière du cheval.

Sa bouche est sèche et elle n'a pas été nourrie depuis plusieurs jours si on se fie à son haleine âcre.

La pauvre n'a plus la force de repousser les mouches et les guêpes qui volent autour d'elle. Je les éloigne de la main.

Ses yeux immenses sont humides ; son encolure, brûlante. Elle a dû tomber malade de chagrin et de froid.

Mes doigts glissent sur la corde et je me brûle les paumes.

– Marin, il est impossible de défaire ce lien !

Il s'approche et regarde Athéna d'un œil méfiant. Il passe prudemment derrière elle, laissant plus de deux mètres entre ses sabots et lui !

En défaisant le nœud d'un geste leste, il parvient à la libérer.

– Comment as-tu fait cela ?

– Crois-tu, chère Mariette, que le bon pain se pétrit seul ? J'ai de la force dans les doigts !

J'attire Athéna par la longe, mais elle ne veut pas avancer vers moi. Être attachée en pleine forêt l'a rendue farouche…

Pourtant, il faut faire vite, les guêpes sont excitées par notre présence, et à la stalle 121… Pégase est resté seul !

J'enfonce les mains dans mes poches à la recherche d'une idée quand je retrouve les pâtes de fruits.

J'en pose une sur ma main, mais Athéna reste indifférente à la bonne odeur du coing. La mère est moins gourmande que son fils !

Je réfléchis en me mordillant la lèvre. Que ferait ma maman ? Que ferait Jeanne ?

Elles resteraient calmes.

Je pose mes mains sur son flanc et lui parle doucement :

– Athéna, nous allons t'emmener auprès de ton fils et te tirer de là. Fais-nous confiance, nous connaissons le chemin.

Si elle frotte son sabot au sol pour me dire oui, elle refuse tout de même d'avancer.

Après la peur qu'elle a dû avoir à rester ici toute seule, il est normal qu'elle ne se fie pas à deux inconnus.

Le seul recours est de la monter et de la laisser nous ramener au château en la guidant.

Ainsi, elle se sentira moins vulnérable !

– Marin, nous allons devoir monter Athéna. Elle ne se laissera pas guider à la bride.

– Non, impossible, jamais, moi vivant, hors de question, bafouille-t-il.

Effrayé par les guêpes de plus en plus nombreuses autour de nous et pressé de quitter cet endroit, Marin finit par accepter ma proposition de mauvaise grâce.

Au garrot, Athéna est plus grande que nous. Je grimpe sur la palissade pour prendre de la hauteur et passe mes jambes de part et d'autre de la jument. C'est la première fois de ma vie que je suis assise sur un cheval mais je n'en dis rien à Marin...

Et puis, je ne m'en tire pas si mal ! Marin non plus d'ailleurs, qui grimpe maladroitement mais en un seul essai !

Athéna reste calme avec les deux cavaliers débutants que nous sommes. Je lui glisse quelques mots à l'oreille, la suppliant de ne pas nous malmener.

Elle frotte le sabot droit, hennit à peine.

J'attrape les rênes alors qu'elle commence à avancer.

– Agrippe-toi à moi, Marin, et pense à quelque chose d'agréable!

– Oui, je pense à des festins divins, à des pièces montées, du canard à l'orange.

Pour guider Athéna, j'essaie de me souvenir ce que j'ai vu faire hier dans le grand manège devant les écuries.

Pour tourner à droite, tourner les doigts vers le ciel et tirer vers la droite. De même pour la gauche.

Pour avancer plus vite, donner des coups de talon contre son ventre.

Pour freiner, se redresser et tirer les rênes vers soi.

Athéna respecte ma demande en marchant doucement mais il va falloir accélérer pour arriver au château avant demain !

Alors que nous arrivons dans les rues commerçantes, je frappe les flancs d'Athéna des talons pour accélérer le mouvement.

Elle se lance au trot.

J'entends Marin murmurer des jurons dans mon oreille et me supplier de la faire ralentir. Mais je n'en fais rien, les minutes nous sont sont comptées, l'après-dînée bien entamée.

Tout le monde s'écarte à notre passage.

Sur le dos d'Athéna, nous nous envolons, sautons dans les airs pour retomber sur les fesses.

Mon premier galop sera inoubliable. Les cheveux au vent et hors de portée des humains, je me sens plus libre et heureuse que jamais.

Nous passons les grilles du château sur le dos de la jument.

Les gardes nous poursuivent en hurlant :

– Deux enfants et une jument possédée, halte, là, halte, là !

Mais Athéna poursuit sa course folle et

j'ai à peine le temps de l'arrêter en plein milieu de la grande place centrale.

Elle s'immobilise à deux pas de Monsieur le Grand… en pleine discussion avec le roi.

Quand elle aperçoit son ravisseur, Athéna se cabre et nous tombons l'un et l'autre devant le roi.

Les fesses dans le gravier blanc.

Nous nous relevons à toute vitesse en époussetant nos vêtements.

– Sire, s'exclame Marin.

Deux gardes se précipitent pour nous arrêter, mais le roi lève le bras d'un geste impérieux.

– Laissez ces deux bambins, je suis curieux d'entendre leurs explications sur cette cavalcade.

L'émotion nous prend de court et nous rougissons jusqu'à la racine des cheveux. J'effectue une révérence maladroite.

– Mademoiselle, il me semble vous avoir engagée pour rendre sa hardiesse à Pégase et non pour vous promener hors du château et monter des chevaux sauvages.

– Sire, ce n'est pas un cheval sauvage ! Il s'agit d'Athéna, la mère de Pégase ! Nous l'avons retrouvée dans un bois humide. Elle est sale et effrayée, mais c'est elle !

Le roi fronce les sourcils puis se tourne vers Monsieur le Grand, l'œil noir :

– Vous dites vrai, je reconnais Athéna pleine de boue. Quant à vous, Monsieur le Grand, dois-je vous rappeler vos fonctions ? Vous êtes payé pour veiller sur tous mes chevaux de selle ! Et plus encore à mes favoris...

– Votre Majesté, c'est dans ce dessein que j'ai souhaité qu'Athéna aille se reposer un peu loin de l'agitation de Versailles. Elle était sur le point de revenir à la grande écurie mais... ces deux petits avortons s'en sont mêlés !

– Et pourquoi deux enfants se seraient-ils mis dans un tel pétrin ?

– Cette pauvre Antoinette a échoué à remettre Pégase au galop et elle est prête à tous les subterfuges pour nous détourner de la vérité... même mentir à son roi.

Le roi nous regarde avec la plus grande attention l'un et l'autre, puis considère Monsieur le Grand.

Il est temps de dire la vérité sur Monsieur le Grand, je fais un pas en avant, mais Marin m'attrape par le bras et me chuchote à l'oreille :

– Monsieur le Grand est très puissant. Le roi ne nous croira jamais et nous finirons embastillés[1]. Tu pourras dire adieu à tes louis d'or. Je t'en conjure, tais-toi Mariette !

J'hésite, le roi doit savoir ce qui se passe dans ses écuries et dans son royaume. Mais si Marin avait raison ? Et si Jeanne avait aussi raison ? Et si se taire, valait parfois mieux…

Après un long silence, le roi lève sa canne devant moi.

– J'attends au grand manège trois minutes, et si dans trois minutes, Pégase n'apparaît pas au galop, il vous en cuira à tous les deux.

1. Enfermés à la prison de la Bastille.

Chapitre 10

J'entre dans la stalle de Pégase en trombe et lui dis à l'oreille :

– Pégase, nos vies sont en jeu. Viens avec moi et, je t'en supplie, galope…

Il ouvre un œil, qu'il referme.

J'insiste, en vain…

Il ne baisse ni ne lève la tête ; il ne bouge pas son sabot.

Il me traite en inconnue.

– Pégase, ta mère est là. Nous l'avons sauvée.

C'est alors que Marin entre dans la stalle à petits pas, et qu'il se poste à droite de Pégase. Il avance les deux mains vers ses naseaux.

– Que fais-tu au juste ?

– Les chevaux ont l'odorat développé. Je l'ai lu. Nous avons touché sa mère, et son odeur est partout sur mes mains parce que je me suis agrippé à sa crinière…

J'approche également mes mains, et Pégase s'agite, tourne la tête vers moi et frotte ses sabots au sol.

Je me précipite dehors, en direction du grand manège. Pégase me suit au pas, lentement.

Marin nous précède et se met à crier :

– Faites place au cheval du roi, faites place !

Les gens s'écartent et nous laissent avancer.

Quand Pégase aperçoit Athéna, il se met à galoper sans se soucier des voitures, carrosses, valets et cochers, qui s'écartent pour ne pas se faire renverser.

Tagada, *tagada*, voilà le son produit par ses sabots quand il s'élance.

Il s'immobilise devant sa mère et pose la tête contre son poitrail.

Athéna adopte la même position.

Le roi s'avance vers moi :

– Je vous avais promis quelques louis d'or, ma chère, les voici.

De sa main gantée, il me tend plusieurs pièces brillantes comme le soleil d'été.

– Merci, Votre Majesté.

– Une promesse est une promesse. Merci à vous deux. Maintenant, des affaires urgentes m'appellent.

J'enfonce précieusement les pièces dans ma poche.

J'y trouve une pâte de fruits, la dernière. Je l'engloutis pour faire passer la tristesse de quitter Versailles, Marin et surtout… Pégase.

Mais, avant de prendre congé, le roi se retourne et s'adresse à moi d'une voix puissante :

– Mariette, je vous nomme palefrenière de la cour du roi de France. Vous aurez la charge de Pégase. Monsieur le Grand, veillez à sa bonne intégration. Adieu.

Je n'ai pas le temps d'accepter la proposition que le roi disparaît totalement au milieu de la foule de pages et palefreniers, tout aussi surpris que moi par cette annonce.

FIN